AF451791

LA LECTURE

SANS ÉPELLATION

MÊME LIBRAIRIE

OUVRAGES DU MÊME AUTEUR

Histoire de l'Algérie, avec la biographie des hommes remarquables de chaque département.

> 1 vol. in-18, broché : **O fr. 30** ; cartonné : **O fr. 40.**

Géographie de la Martinique, 1 carte physique et politique de la Martinique et 1 carte des Antilles, coloriées et tirées lithographiquement, photogravures, 10 pages de texte in-4° couronne.

> Brochée : **O fr. 30** ; cartonnée : **O fr. 40.**

Géographie des Indes françaises, 1 carte de l'Inde avec la limite des territoires et 1 carte de l'Inde et de l'Indo-Chine, coloriées et tirées lithographiquement, 6 cartes en noir : 2 pour Pondichéry et une pour chacun des autres établissements français de l'Inde, photogravures, 16 pages de texte in-4° couronne.

> Brochée : **O fr. 30** ; cartonnée : **O fr. 40.**

Demander le *Catalogue classique complet*, envoyé franco sur demande.

LA
LECTURE SANS ÉPELLATION

ENSEIGNÉE AU TABLEAU NOIR

Nouvelle méthode de Lecture Illustrée

A L'USAGE DES

CLASSES ENFANTINES ET PRÉPARATOIRES

PAR

H. FERRIER

Inspecteur de l'Enseignement Primaire de la Seine
Ancien Élève de l'École Normale Supérieure de Saint-Cloud

50e ÉDITION ENTIÈREMENT REFONDUE

PARIS

J. BRICON et A. LESOT, Editeurs

10, RUE DE L'ÉPERON

DIVISION DE L'OUVRAGE :

————

1er EXERCICE

be

bébé)

Bébé a bobo.

pe

(papa)

	o	a	i	u	e	é	è
	bo	pa	bi	pu	pe	bé	bè
1.	bu	ba	bi	be	bé	bè
2.	pa	pi	pu	pe	pé	pè

EXERCICE D'APPLICATION

3. ba ba,   pa pa,   pi pe,   é pi,   bo a,
4. bé bé a bu,   bé bé a bo bo.

1 2 3   1 2 3   1 2 3

ÉCRITURE

i i i i i i i i i i i i i i i i i i i i i i i i i i

2ᵉ EXERCICE

fe

(feu)

phe

(éléphant)

Maman souffle le feu.

ve

(vent)

ve

(ville)

1.   o   a   u   i   y   e   é   è
2.   fe   fo   fi   fu   fy   fa   fé
3.   ve   vo   vu   va   vé   vè   vi   vy

EXERCICE D'APPLICATION

4. papa, fève, fifi, ève, pavé, épave,
5. bébé a vu papa, papa a vu bébé,
6. vive papa, baby a bu, bébé a vu fifi.

4 5 6   4 5 6   4 5 6   4 5 6   4 5 6

ÉCRITURE

3ᵉ EXERCICE

re

(roue)

a o i

La charrette du laitier file vite.

le

(lait)

e é è

1.   ra   ro   ru   ri   re   ré   rè,
2.   le   la   lo   li   lu   lé   lè.

EXERCICE D'APPLICATION

3. o li ve, ri ve, pha re, vi pè re, ra re,
4. la ra ve, le ri re, le rê ve, la pa ro le,
5. la robe, l'a va re, l'a ra be, le rô le,
6. l'é lè ve a lu, bé bé a rê vé, papa ri ra,
7. pa pa a la vé le bo bo, la ly re à pa pa.

7 8 9 0   7 8 9 0   7 8 9 0

ÉCRITURE

ʋ ʋ ʋ ʋ ʋ ʋ ʋ ʋ ʋ ʋ ʋ ʋ ʋ, 3, 4

4ᵉ EXERCICE

ne

(nez)

u o y

Maman et René regardent le navire.

me

(main)

e é è

fe phe le me nu ri

f...a ph...a l...e m...a n...u r...i

1. la mu le, le na vi re, la fa ri ne, l'a mi,
2. la ma ri ne, la na ri ne, l'â ne, une la me,
3. l'a ra be, u ne é pi ne, la ra ve, le phare,
4. u ne o li ve, la ra me, phi lo mè ne, me nu.

EXERCICE D'APPLICATION

5. é mi le a lu, pa pa l'a vu ; re né li ra.
6. phi lo mè ne la ve ra la ro be à ma ria.
7. ma mè re a vu u ne fè ve mû re.
8. mé li na la ve ra la ro be à ma mè re.

ni, mu, nu, mi, nu, mi...minute

5e EXERCICE

de
(dent)

de
(dada)

te
(tête)

the
(thé)

Marie a un dada. Émile a une tirelire.

do   de   da   te   ta   tu   ti

1. le pâ té, la tê te, la fê te, la to ma te,
2. u ne ti re li re, le mo dè le, u ne pe lo te,
3. la pâ te, l'a rê te, le ra ta fia, la tô le,
4. le tê tu, le ma la de, la ta pe, le bi tu me.

EXERCICE D'APPLICATION

5. ma mè re la ve ra la ro be de ma ri a.
6. é mi le a lu; phi lo mè ne li ra.
7. ré mi a vu le na vi re; le na vi re fi le.
8. bé bé fe ra do do, do do, do do, do do.
9. é mi le a vu le pha re et le na vi re.

6e EXERCICE

ke
(coke)

que
(toque)

Caroline sert le café.

c
(a o u)
(café)

cu co ca

1. le café, le képi, du cacao, une cuve,
2. le coke, la caravane, le macaroni,
3. l'écume, la cabane, la nuque, la pique,
4. la tunique, la coque, le côté, le kilo.

EXERCICE D'APPLICATION

5. toto a bu du thé; papa a bu du café.
6. théodore a la toque de théophile.
7. adèle a vu une petite cabane.
8. caroline, va à l'école; va vite, vite!
9. émile a lavé la petite carafe vide.

e, c, o, a, e, c, cacao, cuve, 7, 8

7ᵉ EXERCICE

an
(tante)

am
(lampe)

en
(vent)

em
(tempête)

Maman allume la lampe; André regarde.

1. maman, ma tante, la lampe, la rampe,
2. une amande, le parent, la mandarine,
3. la pendule, l'enfant, éléphant, oran,
4. la tempête, une dent, le ruban, tente.

EXERCICE D'APPLICATION

5. émile a entendu la pendule à l'école.
6. ma tante a vendu une petite pendule.
7. l'arabe a entendu la panthère.
8. rené a vu une mandarine à oran.
9. maman a lavé le ruban de la robe.

pe, le, pe, le.....la lampe, 9, 0

3e EXERCICE

se
(salade)

sse
(tasse)

Cécile a cassé la tasse et sali sa robe.

ce
(c i)
(Cécile)

ç
(a o u)
(maçon)

1. samedi, la salade, la savate, la cire,
2. une balance, une menace, le céleri,
3. la façade, sara, le ciment, une cime,
4. la puce, une racine, célina a récité.

EXERCICE D'APPLICATION

5. félicité a sali sa robe samedi; sa mère la lavera à la rivière.
6. céline a récité; rené se balança.
7. sara a reçu la robe de sa tante.
8. bébé a bu une tasse de café moka.

9ᵉ EXERCICE

nne
(canne)

rre
(terre)

lle
(balle)

tte
(carotte)

La cueillette des pommes.

1. de la co lle, u ne ca nne, de l'é to ffe,
2. la po mme, u ne ca ro tte, la ca sse ro le,
3. u ne que no tte, la ba rre, la lu net te,
4. l'a ssi et te, u ne pel le, u ne que rel le.

EXERCICE D'APPLICATION

5. la bo nne so phie a a llu mé la lam pe.
6. ma man m'a ppel le ; el le re pa sse.
7. le pè re de Pi er re a llu me le pha re.
8. ma man a rri ve ra de la vi lle a vant mi-
di ; el le me do nne ra u ne ba lle.

te, re, te, re,...la terre est ronde

10e EXERCICE

as[1]
(*cadenas*)

os
(*le dos*)

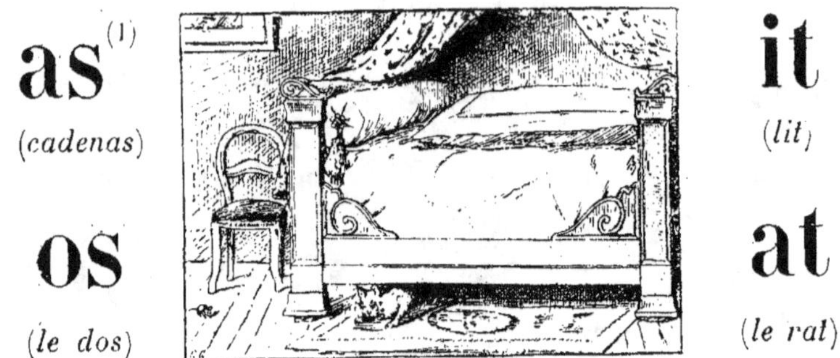

Le chat, caché sous le lit, guette la souris.

it
(*lit*)

at
(*le rat*)

    a   a   o   o   i   i   i   é

1.   as at os ot is it ie ée
2. cadenas, le matelas, le dos, le repas,
3. matelot, paris, marie, lucie, repos,
4. lilas, le lit, le nid, la fumée, la nuit.

EXERCICE D'APPLICATION

5. marie a revètu sa belle robe lilas.
6. le matelot a vu paris la nuit.
7. lucie lavera le matelas du lit.
8. tu as le cadenas? tu ne passeras pas.

[1] Lettre muette.

11ᵉ EXERCICE

Jules achète des oranges.

je
(*juge*)

ge
(*cage*)

1. le ju ge, la ca ge, l'â ge, le mé na ge,
2. le ju ju be, la pa ge, le ci ra ge, la ti ge,
3. u ne o ran ge, le po ta ge, le ca rre la ge,
4. é ta ge, le lan ga ge, le ri va ge, le pa ge.

EXERCICE D'APPLICATION

5. ma pe ti te ca ge se ra fi ne a vant mi di,
   si ju les ne me dé ran ge pas.
6. an gé li ne man ge ra u ne o ran ge mû re.
7. ju les a na gé dans la ri vi è re sa me di.
8. le na vi re pa sse ra de vant le ri va ge.

12ᵉ EXERCICE

MAJUSCULES

A	O	U	I	Y	E
a	o	u	i	y	e
D	P	B	R	M	N
de	pe	be	re	me	ne

F	V	L	T	Q
fe	ve	le	te	que

K	C (a, o, u)	C (e, i)	J	G
ke	ke	ce	je	ge

H	S	Z	X	X
he	se	ze	gze	kse

LECTURE COURANTE

1. Julie a donné la mandarine à René.
2. Bébé jette le potage; maman le punira.
3. Lucie donnera la pâtée à la poule.
4. Jules a donné une orange à René.
5. Amélie a mangé du tapioca et du pâté.

13ᵉ EXERCICE

on

(mouton)

on, ons

Une joyeuse ronde. A qui le ballon?

om

(pompe)

ont, om

1. un bâ ton, un bon bon, le pan ta lon,
2. le men ton, le ta lon, un bon me lon,
3. le pont, un po ti ron, la pom pe, tam pon,
4. le ti mon, le ba llon, le va llon, pi ton.

EXERCICE D'APPLICATION

5. Lé on, en tends-tu le lion? vi te, fi lons!
6. A llons, en fants, à l'é co le! a llons!
7. Lé on mon te ra dans le jo li ba llon.
8. Ju les et É mi le man ge ront du me lon.
9. Re né, ma man te do nne ra du bon bon.

14ᵉ EXERCICE

ou

(la poule)

ou, ous
out

La poule et ses poussins.

oup

(le loup)

oux, oup
oue

1. le bou ton, le cou, la bou ti que, tou tou,
2. un mou ton, la pou le, le pou ce, le rou ge,
3. le pou mon, pou pon, la fou le, le bi jou,
4. la sou pe, un cou cou, la roue, le cou de.

EXERCICE D'APPLICATION

5. La pou le a pon du dans le nid ; el le couve.
6. Cé li ne bou de ; el le a cas sé sa pou pée.
7. A llons à la fè te du vil la ge ; cou rons.
8. Lou is a vu Li ma, ca pi ta le du Pé rou.
9. La bou le ron de rou le dans la boue.

15ᵉ EXERCICE

LECTURE COURANTE

1. Lé on i ra à Tou lon ; É mi le i ra à Ly on.
2. Ju lie a su sa le çon ; el le a re çu sa ré com pen se ; el le se ra con ten te.
3. Ma rie é cou te la le çon de So phie.
4. Phi lo mè ne mé ri te u ne ré com pen se.
5. Lou is, co pie u ne pa ge ; ton bon pa pa te don ne ra u ne bel le i ma ge rou ge.
6. Va, jo li na vi re, où le vent te pou sse ; fi le vi te, pa sse de vant le ri va ge.
7. Ré mi, don ne la sou pe à ce men di ant.
8. Ca ro li ne a re çu u ne bel le i ma ge.
9. Ju lie et Ma rie joue ront à la pou pée.

LE PETIT ÉMILE

10. É mi le é cou te sa bo nne ma man.
11. Il va à l'é co le. Il é tu die sa le çon.
12. Il se ra ré com pen sé. Son pè re lui
13. don ne ra u ne bel le i ma ge. É mi le
14. se ra con tent. Con ti nue, pe tit É mi le !

16ᵉ EXERCICE

o

eau

(*couteau*)

eau, eaux

Vite le couteau pour couper le gâteau.

o

au

(*une faute*)

au, aux

1. un cou teau, le man teau, les ri deaux,
2. le sau le, l'é pau le, le rou leau, ra teau,
3. un tau reau, les co teaux, un tom beau,
4. des ca naux, les gé né raux, la fau te.

EXERCICE D'APPLICATION

5. Lé on i ra en ba teau d'O ran à Bô ne.
6. Lé o nie a la vé le man teau de son pè re.
7. La ra me du ba teau a é té ca ssée.
8. Lou is a ré ci té u ne pa ge de sa le çon sans fau te ; on lui fe ra un beau ca deau.

17ᵉ EXERCICE

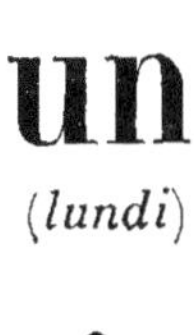

un

(lundi)

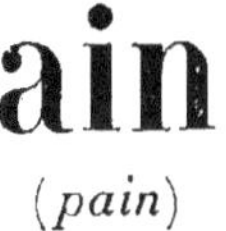

ain

(pain)

Urbain vient du moulin.

in

(le vin)

il

(fil)

1. lun di, un vi lain, un pan tin, le mou lin,
2. le ma rin, le pain, le ma tin, la main,
3. un din don, la cein tu re, le la pin, ju in,
4. du fil, un pan ta lon de lin, le che nil.

EXERCICE D'APPLICATION

5. Ca ro li ne va de bon ma tin à l'é co le.
6. Lun di ma tin ma tan te fe ra du pain.
7. Ré mi va rue de Ri vo li, au nu mé ro un.
8. Le ma te lot a ti ré un re quin ce ma tin.
9. Pe tit, pe tit la pin! où vas-tu si ma tin?

18ᵉ EXERCICE

é *(café)*

ez *(nez)*

er *(menuisier)*

ed *(pied)*

L'épicier vend du café, du thé...

1. la santé, l'été, le nez, le café, le pâté,
2. un bananier, un amandier, un oranger,
3. le boulanger, un pommier, un épicier,
4. un melon gâté, le pied du caféier.

EXERCICE D'APPLICATION

5. Mon enfant, si vous aimez l'étude, vous serez récompensé. Étudiez !
6. Un pied de lit a été cassé ce matin.
7. Nous avons vu, à Nice, un joli oranger.
8. Le boulanger se lève de bon matin.

19ᵉ EXERCICE

ès

(succes)

é ès est
et

Le palais des jouets.

ei

(baleine)

ais ait
ei

1. mon pè re, ma mè re, le ge nêt, un jou et,
2. le fu ret, un pa lais, le lo quet, du vet,
3. le bou quet, le pa quet, un pou let,
4. des ba lei nes, le dé cès, u ne fo rêt.

EXERCICE D'APPLICATION

5. Pe ti te mè re, je t'ai me ; ja mais je ne
   te fe rai de la pei ne. Je se rai sa ge
6. Nous a vons vu le pa lais des jou ets.
7. Ma mè re a ven du u ne pai re de pou lets.
8. Le mou ton est ton du ; la lai ne fi lée.

20e EXERCICE

LECTURE COURANTE

1. Tou tou a vu un jo li la pin ce ma tin.
2. Le pe tit Lou is i ra de main à l'é co le.
3. Ma rie a é té sa ge pen dant la le çon.
4. Re né a du p ain à la main; il le man ge.
5. La pou le dé fend ses jo lis pou ssins.
6. Je vais à l'é co le de bon ma tin.
7. Il fait du vent ; bai ssons le ri deau.
8. Le mes sa ger a nnon ce u ne nou vel le.
9. Nous a vons un jo li o ran ger ; il donne de bel les o ran ges tou tes jau nes.
10. Le ma çon ré pa re la fa ça de de l'é-
co le.
11. L'a man di er dó nne de bel les a man des.
12. Bé bé est sa ge ; il au ra des jou ets.
13. Demain ! de main ! dit sou vent l'é lè ve.
14. Allons au mou lin, nous au rons de la
fa ri ne et nous fe rons du pain.
15. Pe tit mou ton, nous cou pe rons ta
lai ne, nous la fi le rons et en fe rons
des bas.

21ᵉ EXERCICE

gue

(figue)

ga go gu

Gustave a des figues ; il regarde la ligne

gne

(ligne)

gna gno

1. une fi gue, u ne mon ta gne, un cy gne,
2. pei gne, la pi ro gue, vi gne, un ga lon.
3. la ri go le, ga min, la ci ga le, un ci ga re,
4. un lé gu me, la lan gue, un a gneau, ga ge.

EXERCICE D'APPLICATION

5. A gnès a ga gné u ne ré com pen se.
6. Ma ma rrai ne m'a do nné u ne fi gue.
7. Ju lie a jou é dans la cam pa gne.
8. Dans la vi gne, il y a un beau fi gui er.
9. Que fais-tu de ce ci ga re? Jet te-le.

22ᵉ EXERCICE

che

(chapeau)

Charles mène une vache au marché.

che

(cheval)

1. un cha peau, le che min du châ teau,
2. la che mi née, u ne va che, u ne chan son,
3. u ne chaî ne, u ne ca lè che, la po che,
4. le man che de la pio che, un cha meau.

EXERCICE D'APPLICATION

5. Lu cie fi ni ra sa pa ge di man che.
6. Mon pè re i ra pê cher à la cam pa gne.
7. La ci ga le a chan té pen dant l'é té.
8. Di man che, je pê che rai à la li gne.
9. O te ton cha peau et sa lue po li ment.

23ᵉ EXERCICE

he [1]

(*l'huile*)

he

(*la hache*)

Le bûcheron abat l'arbre à coups de hache.

1. un habit, une hirondelle, un habitant,
2. une bonne habitude, un homme, l'huile,
3. la hache, la haie, le hameau, le haricot,
4. le héron, le hérisson, le hanneton.

EXERCICE D'APPLICATION

5. Hirondelle, hirondelle légère,
6. ici, tous les ans, tu fais ton nid.
7. Henri a l'habitude de se lever matin.
8. Mes parents habitent le hameau.
9. Julie met de l'huile dans la salade.

(1) Prononcez : e, he.

24ᵉ EXERCICE

oi

(oie)

oit oix

ois oie

Le pêcheur a pris du poisson.

oin

(la pointe)

oin oint

oing

1. la voi le du na vi re, la joie, la poi re,
2. l'oie, le bois, la voi tu re de mon pè re,
3. un coing, le foin, la poin te, la toi le,
4. un moi neau, le toit, le mois, le joint.

EXERCICE D'APPLICATION

5. Nous ai mons le bois au mois de mai.
6. Lé on a ven du des noix et des poi res.
7. On cou pe le foin au mois de ju in.
8. La cou tu riè re fait u ne ro be noi re.
9. É loi a man gé u ne noix et un coing.

25ᵉ EXERCICE

1. Mon camarade a un panaris au pouce de la main gauche; il est malade.
2. Le bûcheron, sa hache sur l'épaule, chante; il suit le chemin du hameau.
3. Le vent tend la voile du vaisseau.
4. Le héron se nourrit de petits poissons.
5. La voiture du médecin est toute noire.
6. Le hérisson mange les hannetons.
7. Aux colonies, il y a des noix de coco.
8. L'eau pure est une bonne boisson.
9. Petit Léon, ce matin tu n'as pas lavé ta figure; vite, vite, lave-toi.
10. Joli petit poisson, éloigne-toi du rivage, ou gare à la ligne.
11. Qu'est-ce que tu vois dans le bois, Éloi?
Je vois, dans le bois, un moineau.
Gare au faucon, petit moineau!
Cache-toi, cache-toi au fond du bois.

26ᵉ EXERCICE

eu
(jeu)

eu, eux
euf

Eugène conduit les bœufs à l'abreuvoir.

œu
(bœuf)

œu, œuf

1. la veu ve, l'Eu ro pe, meu le, che veu,
2. la de meu re, le ne veu, u ne li eue, le jeu,
3. du beu rre, u ne heu re, le jeu di, du feu,
4. un ha bit neuf, un bœuf, un œuf.

EXERCICE D'APPLICATION

5. Mon ca ma ra de n'est pas peu reux.
6. É mi le est jeu ne, il a neuf ans.
7. Eu gé nie a deux ans; el le veut li re.
8. Eu gè ne a su sa le çon; il est heu reux.
9. La jeu ne pou let te a pon du deux œufs.

27ᵉ EXERCICE

a   o   u   é

ar, or   ur, er

i

ir

ou   oi   eu œu

our, oir   eur œur

Avec le marteau, forge le fer, forgeron !

1. l'ar moi re, l'ar gent, un four, un jar din,
2. l'or, la bar be, u ne tar ti ne, la gor ge,
3. un or phe lin, le jour, la cour, la tour,
4. la cha leur, ma sœur, le cœur, le soir.

EXERCICE ¡D'APPLICATION

5. Lè ve ton lourd mar teau, for ge ron !
6. Mé dor a mor du Ar sè ne à la jam be.
7. Ma tan te doit par tir mar di soir ; el le va à Or lé ans, puis à Bor deaux.
8. Ur su le est sor tie dans le jar din.

28ᵉ EXERCICE

a
al
(cheval)

Papa lit le journal sous le tilleul.

e
el
(miel)

> a e i o u au oi eu ou

1. al el il ol ul aul oil eul oul
2. un ca nal, le ca po ral, le gé né ral, le col,
3. le jour nal, le fil, le cal cul, un che nil,
4. le Sé né gal, je suis seul, un fa nal.

EXERCICE D'APPLICATION

5. Mon pe tit cou sin mar che tout seul.
6. La cou tu ri è re a per du son fil.
7. Le na vi re se di ri ge sur le fa nal.
8. Pen dant le car na val, on dan se ra.
9. Paul est seul; il est fort en cal cul.

29ᵉ EXERCICE

1. A che val, à che val ! il est temps de par tir, il fait jour. Voi ci le dé part.
2. Mon pè re mar che vi te ; il fait u ne li eue et de mie dans u ne heu re.
3. Ju les s'est bai gné dans la ri viè re.
4. Jeu di soir, Ré mi i ra à la cam pa gne.
5. L'é cor ce d'o ran ge sent fort et bon.
6. Ur su le a jou é au cer ceau sur la rou te.
7. Ur bain, fer me la por te du par loir.
8. Le pê cheur vend le pois son au mar ché.
9. La va peur fait mar cher le ba teau.
10. Ma sœur Y vo nne a re çu un cer ceau.
11. J'ai me pa pa, ma man, de tout cœur.
12. Paul est fi er, il a mis un col neuf.
13. Doux est le mi el ; a mer est le fi el.
14. Pa ris est en a mont de Rou en ; Nan tes en a val d'Or lé ans et de Tours.
15. Ma sœur a chè te un col et du fil.

30ᵉ EXERCICE

ze

(zéro)

Suzon mange des cerises; Azor la regarde.

se

(rose)

1. un zé ro, zou a ve, ce ri se, u ne ro se,
2. la che mi se, mon cou sin, ho ri zon, on ze,
3. Tou lou se, un rai sin, la mai son neu ve,
4. la toi son, Zé lie a dou ze ans, la rai son.

EXERCICE D'APPLICATION

5. Pe tit mou ton, on cou pe ra ta toi son.
6. A zor, tu n'au ras pas de ce ri ses ! el les sont tou tes pour Su zon.
7. La mé san ge est un oi seau u ti le.
8. Les en fants ont jou é sur le ga zon.

31e EXERCICE

lle  **ille**

(bille) *(paille)*

Vole, papillon! ou la petite fille te prendra.

1. La fa mi lle, u ne pe ti te fi lle po lie,
2. u ne bi lle ron de, le pa pi llon lé ger,
3. la qui lle, la mé da ille, le ta illeur,
4. la mu ra ille, un cha peau de pa ille.

EXERCICE D'APPLICATION

5. Bé bé se la ve le vi sa ge et les o rei lles.
6. Ma man a ache té u ne cor bei lle d'o ran ges.
7. J'ai vu u ne ru che d'a bei lles et du mi el.
8. Hen ri a por té la bou tei lle à la mai son.
9. Le ma çon tra va ille à la mu ra ille.
10. La bi lle ron de rou le sur les feu illes.

32ᵉ EXERCICE

eil

(soleil)

ail

(portail)

Grand'mère dans son fauteuil.

euil

(fauteuil)

ouil

(fenouil)

1. U ne gou sse d'ail, le cer feuil, le deuil,
2. un é ven tail, le por tail, le so leil,
3. un fau teuil, le seuil de la por te,
4. un œil, un é cu reuil, j'ai so mmeil.

EXERCICE D'APPLICATION

5. Au ré veil, l'oi seau chan te, bé bé ba bi lle.
6. É cu reuil a gi le, tour ne dans ta ca ge.
7. Le ma la de, a ssis dans un fau teuil, sur le seuil de sa por te, lit le jour nal.
8. J'ai deux jo lis se rins qui sont pa reils.
9. Mon pe tit a mi, tu as so mmeil, va au lit.

33ᵉ EXERCICE

t (ce)

(habitation)

La leçon de natation.

ien

(chien)

1. La na ta tion, am bi tion, la po si tion,
2. la pu ni tion, la ré pa ra tion, un lien,
3. un an cien, un chien, la ré vo lu tion,
4. le bien, un co mé dien, le mé ca ni cien.

EXERCICE D'APPLICATION

5. Jo li pe tit chien, gar de bien la mai son.
6. Lu cien a é té bien sa ge à l'é co le ; il a fait a tten tion aux le çons.
7. On fe ra lun di des ré pa ra tions à l'é co le.
8. A tten tion ! re gar de bien, le ba llon part.
9. É tu die bien, ou a tten tion à la pu ni tion.

Un pharmacien, un mécanicien

34ᵉ EXERCICE

1. **ble bre cle cre fle fre dre**
   (blé) *(arbre)* *(clé)* *(crayon)* *(fleur)* *(front)* *(drap)*

2. u ne bre bis blan che, u ne bran che,
3. le clai ron, un clou, la cra va te, la clé.
4. La crè me, du cres son, la fleur, le front,
5. la flû te, le fruit, un fla con, un drap,
6. u ne dra gée, un ca dre, un é dre don.

EXERCICE D'APPLICATION

7. Le bû che ron cou pe les bran ches.
8. Mon frè re An dré dort dans sa cham bre.
9. La por te de la cla sse est fer mée à clé.
10. Clé ment et son on cle man gent de la crè me ; Fran çois et Clé men ti ne, du su cre.
11. La mé na gè re a fait mou dre du fro ment.
12. C'est di man che : Al fred a mis sa cra va te blan che ; tan te Clai re l'em bra sse ra.
13. Fla vien, au lieu de jouer, é tu die ta fa ble.
14. La jo lie lam pe bleue é clai re la cham bre.

35ᵉ EXERCICE

1. « Ma man, l'eau est froi de, » dit An dré qui se la ve. « Fro tte, fro tte, tu te ré- chauf fe ras. »
2. Am broi se vient de tom ber ; il s'est bles sé. On l'a por té chez le phar ma cien.
3. Clai re a de l'en cre sur sa ro be blan che.
4. Fran çois a fra ppé son frè re ; il se ra pu ni.
5. Pe tit frè re, ne tou che pas aux fleu rets.
6. Clé men ti ne, sar cle la sa la de du jar din.
7. Clai re a é crit à son on cle ché ri.
8. La clo che so nne, cou rons vi te à l'é co le.
9. Voi ci de la craie blan che ; é cris bien.
10. Pa ris est la ca pi ta le de la Fran ce.

11. An dré se lè ve de bon ma tin ; il re pa sse ses le çons ; em bra sse sa mè re, sa pe ti te sœur et va droit à l'é co le.
12. Il ne s'a mu se ja mais en rou te. En cla sse, il ne par le pas à ses ca ma ra des. Il é cou- te bien pen dant les le çons.
13. Il s'a mu se bien en ré cré a tion. An dré est ai mé de ses pa rents. Il est heu reux.

36ᵉ EXERCICE

gle
(*ongle*)

gre
(*gril*)

ple
(*plume*)

pre
(*prix*)

tre
(*travail*)

vre
(*livre*)

Le chat m'a griffé.

1. La rè gle, la grai ne, la gri lle, un on gle,
2. la pla ce, u ne pru ne, u ne plu me, un trou,
3. la pro me na de, u ne mon tre, le plâ tre,
4. un li vre, u ne chè vre, un liè vre, du poi vre.

EXERCICE D'APPLICATION

5. Hi er, Clé ment a se mé des grai nes au jardin.
6. Blan che ai me les pra li nes et les dra gées.
7. Le Pré si dent de la Ré pu bli que fran çai se.
8. Mon pe tit frè re An dré pleu re trop sou vent.
9. Le dra peau tri co lo re : bleu, blanc, rou ge.
10. Mon on cle est so bre ; il vi vra long temps.

André ouvre son livre

37ᵉ EXERCICE

ste
(statue)
stre
(monstre)
spe
(spectacle)

sc (a o u)
(scolaire)
sque
(masque)
scre
(conscrit)

Auguste est tombé dans l'escalier.

1. Un us ten si le de cui si ne, un in sti tu teur,
2. un li vre sco lai re, la pes te, un mas que,
3. le ves ton, la res pi ra tion, un in stru ment,
4. la pos te, Mos cou, la fi è vre scar la ti ne.

EXERCICE D'APPLICATION

5. Au gu ste, por te cet te let tre à la po ste.
6. As ti que tes in stru ments de mu si que.
7. Un mou sti que a pi qué le do mes ti que.
8. Au gu sti ne est stu dieu se ; el le ne perd pas un in stant. El le sait sa le çon d'his toi re.
9. L'es ca lier de la cham bre est ci ré.

2*

38e EXERCICE

ec
(bec)

a, ac
(lac)

i, ic
(vic)

o, oc
(roc)

u, uc
(duc)

ou, ouc
(bouc)

Le héron au long bec sur le bord du lac.

1. Le bec, la lec tu re, le pu blic, le lac,
2. un duc, le pic, le soc de la cha rrue,
3. un a que duc, un choc, un bouc, un bac,
4. un sac, un roc, le tic tac, la dic tée.

EXERCICE D'APPLICATION

5. Pa pa ai me la lec tu re ; il lit près du lac.
6. Le mi neur a fait tom ber un roc dans le lac.
7. Fré dé ric se pro mè ne près de l'a que duc.
8. Que fais-tu a vec ton li vre de lec tu re sous
   le bras ? Je me pro mè ne sur le bord du lac.
9. Dans le Mé doc on ré col te du vin blanc.

Le lac est couvert de glace

39ᵉ EXERCICE

X
Gz
(*exact*)

Alexandre donne le bon exemple.

X
Ks
(*luxe*)

1. Un bon ex em ple, un e xi lé, un é lè ve ex act,
2. un ex a mi na teur, l'ex emp tion, le lux e,
3. u ne lon gue ex pé ri en ce, u ne ma xi me,
4. u ne mau vai se ex cu se, u ne ex po si tion.

EXERCICE D'APPLICATION

5. L'ex a mi na teur a ex a mi né A lex an dre.
6. A lex an dre a le prix d'ex cel len ce ; il a é té
   re çu à l'ex a men. Voi ci ses no tes : le çon,
   très bien ; ex ac ti tu de, ex cel len te.
7. L'in sti tu teur ex i ge que l'é lè ve soit ex act.
8. Fuis tout ex cès et tu se ras heu reux.

40ᵉ EXERCICE

y-ii
(pays-paiis)

y-ii
(crayon-crai ion)

Papa revient de voyage.

    ai is   ai ion   ai ieur
1. Le pa ys, un cra yon, u ne gran de fra yeur,
    oi ier   oi iez oi ial   oi ial
2. le lo yer, so yez lo yal, un fes tin ro yal,
    ai ier   oi ieux   oi ier
3. le mé ta yer, un cri jo yeux, le fo yer.

EXERCICE D'APPLICATION

4. Pa ys, mon beau pa ys ! je t'ai me bien.
5. Nous pa yons le lo yer de l'ha bi ta tion.
6. Le poil du chat est so yeux et lui sant.
7. Mon on cle m'a en vo yé un li vre a vec des gra vu res ; il y a des ré cits de vo ya ges.
8. Les en fants sont jo yeux a près le tra vail.

Maintenant, je sais bien lire

41ᵉ EXERCICE

Je sais lire et écrire.

1. Je viens de fi nir mon li vre ; main te nant je
2. sais bien li re. Mes pe tits ca ma ra des aussi.
3. J'en suis tout jo yeux, tout heu reux. Pa pa
4. et ma man vont m'em bra sser. Puis je rece-
5. vrai un beau li vre d'i ma ges a vec des his toi-
6. res a mu san tes ; mon on cle me l'a pro mis,
7. je pou rrai les li re tout seul.
8. Je sais au ssi é cri re. J'ai un ca hier pro pre,
9. je ne fais ja mais de ta che. Je vais en vo yer
10. u ne let tre à mon on cle. Il se ra très con—
11. tent de moi. Il vien dra sans dou te nous voir.
12. Je vais fai re u ne pe ti te let tre ; je vais lui
13. é cri re pour lui di re de ve nir bien tôt. Aux
14. va can ces, nous fe rons de bel les pro me na-
15. des. Je lui mon tre rai que je sais li re et é-
16. cri re au ssi.

MÉTHODE DE LECTURE

EXPOSÉ DE LA MÉTHODE

On remarquera que, dans notre méthode, les consonnes, excepté le *c* dur, sont toujours accompagnées d'un *e* muet. A cela nous voyons plusieurs avantages.

1° Les maîtres — il s'en trouve encore quelquefois — ne seront plus tentés de se servir de l'ancienne appellation, depuis longtemps condamnée, et avec raison.

En écrivant *me, fe, ne*, etc., il ne pourra venir à l'idée de personne de faire lire *emme, effe, enne*, etc.

2° En remplaçant l'*e* par une autre voyelle, les enfants seront préparés à la lecture de la syllabe sans passer par l'épellation.

3° En même temps que les lettres, les enfants apprendront *toutes les syllabes muettes*, et on sait si elles sont fréquemment employées dans la langue française : près du cinquième des mots ont une terminaison muette.

Prononciation. — Les mots placés après chaque lettre ser-

viront à bien exercer les enfants à la prononciation (1).
Ex. : *Bébé* après *be*; *papa* après *pe*, etc. Ne pas craindre de bien
montrer aux enfants les mouvements des lèvres, en les accen-
tuant : *be, bébé: pe, papa*, etc.

On devra insister tout particulièrement sur les lettres que les
enfants ont quelque difficulté à prononcer, l'*u* et l'*i*, l'*e* et l'*é*, par
exemple, qu'ils prononcent généralement mal dans les colonies
et dans les provinces où ils sont habitués à parler patois.

Épellation. — Les inconvénients de l'*épellation* sont bien
connus. Quand un enfant a appris les articulations et les sons,
c'est tout un nouveau travail pour l'amener à syllaber, et un
plus grand encore pour passer de la syllabation à la lecture courante. Il est facile d'éviter ces deux inconvénients en suppri-
mant, d'une façon absolue, l'épellation, qui ne fait que retarder
les progrès des élèves.

Voici comment on peut procéder avec la méthode sans épellation. Dès la première leçon, les élèves apprennent quelques
consonnes et quelques voyelles. Au lieu de faire lire aux enfants :
b, a, ba, on leur dira : dans *be*, j'efface *e* et je remplace cette
lettre par *a*, comment cela fera-t-il ? Avec *e* vous dites? (le
maître écrit de nouveau *be* au-dessus de *ba*) *b...e* (bien montrer
le mouvement des lèvres).

(1) Il sera facile aux maîtres de trouver d'autres mots que ceux qui sont
donnés. Choisir ceux que les enfants connaissent le mieux.

Avec *a* vous direz *b*... *a*, avec *o*, *b*... *o*, etc. Continuez de même pour les autres consonnes.

Après deux ou trois exemples, quelquefois après le premier, il y aura toujours quelques élèves, plus intelligents ou plus attentifs, qui trouveront eux-mêmes les réponses (1)

Il va sans dire qu'il faudra provoquer l'initiative des élèves, les encourager à trouver eux-mêmes les différentes modifications apportées aux consonnes par les voyelles, et réciproquement; en un mot, on doit appliquer en lecture le grand principe pédagogique: *ne dire aux enfants que ce qu'ils ne peuvent pas trouver eux-mêmes.*

On doit traiter l'enfant, non comme une matière inerte, mais comme un être intelligent chez qui toutes les facultés de l'homme sont en germe, facultés qui ne demandent qu'à être mises en éveil, dirigées, développées.

Le grand avantage de cette méthode est d'amener les élèves à lire des mots et de petites phrases dès les premières leçons. L'enfant est ainsi intéressé, stimulé. Il est heureux de pouvoir lire une petite phrase qui a un sens pour lui, qu'il comprend : c'est la récompense de ses efforts.

J'ai toujours plaint ces pauvres enfants, qui restent des mois, —j'en ai vu y rester plus d'un an, — devant des tableaux muraux avant d'arriver à lire un mot ayant un sens pour eux.

(1) J'ai fait bien des fois, soit à l'école annexe, soit dans mes inspections, cette expérience. Quelquefois après le premier exemple, toujours après le deuxième, quelques élèves lisaient les syllabes que j'écrivais.

Comment doit se faire la leçon de lecture au tableau noir. — Comme nous attachons la plus grande importance à la façon dont la leçon doit être faite au tableau noir, nous insisterons un moment sur ce point.

Prenons comme exemple le quatorzième exercice.

D'abord, est-il nécessaire d'écrire *au préalable* la leçon au tableau ?

Non. Il est de beaucoup préférable de l'écrire *sous les yeux* des élèves. Écrire la leçon auparavant, c'est enlever la plus grande partie de l'intérêt (1). Les enfants suivent avec attention tout ce qui se fait au tableau. Ils sont heureux de voir naître, pour ainsi dire, les lettres, les mots, les petites phrases, sous la main du maître.

Au moment de la leçon, le maître placera ses élèves de façon que tous puissent voir facilement le tableau. Il écrira EN TRÈS GROS caractères au coin du tableau OU, et au-dessous, ou à côté, en caractères un peu moins gros, *ou, ous, oux, oup*. Puis il fera une rapide revision des sons que les enfants connaissent déjà. « Comment appelle-t-on les lettres ou les sons que j'écris. » Il écrira *an, on, ent, a, o*, etc.

Après cette courte revision de une ou deux minutes, le maître abordera la leçon du jour. Il veillera d'abord à ce que tous les élèves prononcent bien. Il fera remarquer que tous les sons *ou,*

---

(1) Il n'est pas nécessaire, comme on le croit souvent, d'écrire la leçon au tableau en caractères d'imprimerie. Les élèves lisent très facilement l'écriture manuscrite, surtout l'écriture droite. L'anglaise, avec ses grandes boucles, prend trop de place.

ous, oux, oup, écrits un peu différemment, se prononcent de la même façon.

Puis viendront les exercices recommandés plus haut :

Écrire et faire lire :

Me, ne, re, be, pe, te, le, etc. « Si, après les consonnes ci-dessus, au lieu de *e,* nous écrivons *ou,* comment devrons-nous lire ? »

Écrire et faire lire au fur et à mesure :

M...ou, n...ou, rou, bou, pou, etc., *vous, nous, loup, tout,* etc.

Autre exercice : écrire le son *ou,* mettre devant les diverses articulations déjà étudiées et faire lire.

Exemple : « Émile, lisez ce que j'écris » : *ou, lou, mou, rou, tou,* etc., *ous, mous, nous, vous,* etc.

Cinq ou six mots de l'exercice, les plus simples, les plus familiers aux élèves, ceux qu'ils comprendront le mieux, seront lus ; enfin, trois ou quatre petites phrases, prises dans l'exercice d'application, ou mieux encore composées par le maître, compléteront la leçon.

Les mots et les phrases, écrits au tableau, serviront d'exercice de copie et seront reproduits sur l'ardoise ou sur le cahier.

Quand toutes les phrases de l'exercice auront été lues et expliquées au tableau noir, les élèves, afin de s'habituer en même temps à l'écriture imprimée et à l'écriture manuscrite, liront ce même exercice sur le livret.

Encore une recommandation importante : il faut bien expliquer les mots et les phrases qui seront lus. Nous nous sommes attachés, dans ces exercices, à ne pas mettre un mot dont les enfants ne puissent comprendre le sens.

Chaque leçon de lecture sera en même temps un petit exercice de langage et d'orthographe.

On remarquera aussi que, dans notre méthode, les noms sont toujours précédés de l'article. C'est afin d'habituer les enfants à distinguer les genres, qui, comme on le sait, ne s'apprennent que par l'usage.

LEÇON COMMUNE A DES ÉLÈVES DE FORCES DIFFÉRENTES

La leçon de lecture au tableau noir permet d'occuper utilement et simultanément les divers groupes du cours préparatoire.

Supposons que le cours préparatoire comprenne trois groupes. Il en a rarement — il ne devrait jamais en avoir — un plus grand nombre.

Le 3ᵉ groupe, le moins avancé, en est au 5ᵉ exercice ;

Le 2ᵉ, au 15ᵉ ;

Le 1ᵉʳ, au 31ᵉ.

Le maître commencera sa leçon par le groupe le moins avancé. Chaque groupe fera l'exercice indiqué page 2, lira quatre ou cinq mots et deux ou trois phrases de l'exercice d'application correspondant à la leçon. Ces mots et ces phrases serviront respectivement de copie à chaque groupe.

La leçon au troisième groupe servira de revision aux élèves des deux premiers. On fera intervenir ceux-ci lorsque leurs camarades trouveront quelques difficultés qui les arrêtent.

D'un autre côté, la leçon des élèves du premier groupe sera loin d'être sans profit pour leurs camarades moins avancés. Il ne sera pas rare de voir ces derniers demander à répondre aux questions posées à leurs aînés.

D'ailleurs, dans un exercice destiné au premier groupe, il est facile d'intéresser et de faire intervenir tous les élèves.

Prenons comme exemple la phrase suivante : Mon père a vendu une brebis blanche et son petit agneau.

Au fur et à mesure que le maître écrit au tableau, il fait lire, en s'adressant à tel ou tel groupe, selon les difficultés que présentent les mots : Mon (2ᵉ groupe) père a vendu (3ᵉ groupe) une brebis blanche (1ᵉʳ groupe) et son petit (2ᵉ groupe) agneau (1ᵉʳ groupe).

Un, deux... élèves du 1ᵉʳ groupe relisent la phrase tout entière.

Une dernière observation.

Est-il nécessaire d'aborder *toutes les difficultés* avant d'arriver à la lecture courante ? Certainement non, pas plus que d'avoir vu toutes les règles de la grammaire et de la composition avant de faire des dictées et de petites rédactions, pas plus que d'avoir appris tous les théorèmes de la géométrie avant de faire des problèmes.

NOTES

Premier exercice.

Avant de passer à la lecture des mots, le maître fera l'exercice indiqué plus haut. Il écrira et fera lire : *be*, puis effacera l'*e* et le remplacera successivement par *o*, *a*, *u*, *i*, etc.

Inversement, il écrira une voyelle, *o*, par exemple, et mettra devant cette voyelle es diverses articulations. Les enfants liront directement sans épeler : *po, bo, fo*, etc. Ces exercices doivent se répéter avec chaque voyelle et chaque son.

Autant ces exercices faits sur les tableaux muraux sont ternes, monotones, autant ils sont animés et intéressants s'ils sont faits au tableau noir, devant les élèves.

Ne pas oublier de faire trouver les réponses aux élèves *toutes les fois que c'est possible.*

Chaque exercice servira à un nombre de leçons qui variera avec la force, l'aptitude, la régularité des élèves.

Deuxième exercice.

Les revisions ne seront plus indiquées dans les exercices suivants. Le maître est le seul qui puisse se rendre compte du moment où elles deviennent nécessaires et savoir sur quels points elles doivent porter.

Toutefois, ne pas perdre de vue que les revisions doivent être très fréquentes. Ne pas oublier que l'on n'arrive à lire couramment que par *une grande habitude* et qu'une habitude s'acquiert *surtout par la répétition du même acte.*

Cinquième exercice.

Montrer les ressemblances entre les lettres *o* et *a*, *ı* et *u*; *b*, *d*, *p*; *m* et *n*, etc. C'est un excellent moyen d'attirer l'attention sur la forme des lettres et dar suite de développer la mémoire des yeux.

Neuvième exercice.

Les consonnes doubles, qui se font peu ou point sentir dans la prononciation, se liront *absolument comme s'il n'y avait qu'une consonne.* — Une *ba lle*, une *ca nne*, comme s'il y avait : une *ba le*, une *ca ne*.

Si les enfants éprouvent quelques difficultés, écrire et faire lire la consonne simple au-dessus de la consonne double.

Faire remarquer aux enfants que devant une consonne double, ou deux consonnes, on ne met pas d'accent sur l'*e*, ou, plus simplement, que *e* se prononce *é*.

Dixième exercice

Faire remarquer aux enfants que la plupart des consonnes, surtout *s*, *t*, *p*, ne se prononcent pas à la fin des mots.

Douzième exercice.

MAJUSCULES. — Quand les élèves connaîtront bien, sans hésiter, les lettres, sons, mots et phrases des premières leçons, on passera à l'étude des majuscules.

Cette étude pourra se faire simultanément avec la revision des dix premières leçons.

Les leçons sur les majuscules pourront se faire de la manière suivante :

Écrire au tableau noir, devant les élèves, les lettres sur lesquelles doit porter la leçon. Les élèves en reconnaîtront certainement quelques-unes par leur ressemblance avec les minuscules. Après un premier essai, écrire les minuscules au-dessous des majuscules, comme il est indiqué au dixième exercice, et faire lire.

Pour rendre cette étude facile et intéressante, faire voir les ressemblances qui existent entre quelques lettres :

I et *U*, *E* et *F*, *D B R* et *P*, *M* et *N*, *O* et *Q*, etc. Au tableau noir, ces leçons peuvent être très animées et très intéressantes. Après avoir montré les rapports qui existent, par exemple, entre *D*, *B*, *R* et *P*, le maître tire un petit trait vertical, et, la craie posée à l'extrémité supérieure de ce trait, il commence une courbe et demande aux enfants quelle lettre il va faire. Tout en causant, il continue sa lettre. Dès qu'elle est finie, les enfants, qui ont suivi avec le plus grand intérêt la main du professeur, sont tout joyeux de la nommer.

Il s'établit entre ces jeunes intelligences une émulation qui fait plaisir à voir et qui bannit la monotonie, l'ennui, la dissipation, apanages ordinaires de la leçon de lecture au cours préparatoire

Les lettres majuscules, les plus simples d'abord, seront données aux élèves comme exercice de dessin.

Nota. — La lecture aux petits, comme tous les autres exercices de l'école, demande l'emploi de procédés variés. Plus on y apportera de variété, plus les enfants seront intéressés, attentifs, et plus les progrès seront rapides. La leçon au tableau noir, qui, ainsi que nous l'avons dit, doit être le fond de la méthode, n'exclut pas les nombreux procédés que l'on peut trouver pour intéresser les enfants. Je signalerai seulement quelques-uns de ces procédés, laissant le soin aux instituteurs de les modifier et d'en trouver d'autres.

Lettres mobiles. — Mettre au tableau noir un élément, le son *an*, par exemple, écrire sur des ardoises en carton des articulations, que le maître ou les enfants eux-mêmes placeront à côté du son et liront.

On peut procéder encore de la manière suivante :

Écrire sur des ardoises les différents éléments d'un nom. Un élève les placera dans l'ordre voulu. Ou bien encore, des élèves en nombre égal aux éléments seront appelés devant le bureau. Ils se placeront eux-mêmes de façon à ce que leurs camarades, de leur place, puissent lire le mot écrit sur les ardoises. Autre exemple : Les éléments de deux noms : papa et bébé ; pomme et raisin, etc., sont écrits sur des ardoises et celles-ci bien mêlées. Deux élèves devront reconstituer, bien en vue de toute la classe, chacun un des deux noms. Un troisième enfant sera chargé de distribuer aux deux premiers les éléments de chaque mot.

Faire trouver des mots contenant l'élément étudié. — Un excellent exercice consiste à faire trouver par les enfants des mots renfermant l'élément étudié. Par exemple, à la leçon sur l'élément *ou*, les enfants trouveront facilement les mots poule, trou, cou, etc.

L'exercice suivant intéressera aussi les enfants.

On écrit d'abord toutes les articulations d'une petite phrase. Puis on ajoute les sons. Voici un exemple :

1° : *l. p.. l . p.. d.*

2° *la pou-le a pon-du.*

Les enfants sont amusés de voir ainsi des lettres qui ne signifient rien, se transformer en phrase intelligible.

Orthographe phonétique. — Nous l'avons déjà dit, chaque leçon de lecture sera en même temps une leçon d'orthographe

L'enseignement de la lecture et celui de l'orthographe doivent être simultanés ; en même temps que les enfants apprennent à lire, c'est-à-dire à prononcer les divers éléments des mots, ils apprennent aussi à les écrire : l'un n'est pas plus difficile que l'autre.

Au début on s'attachera surtout à l'orthographe phonétique. Il importe d'habituer les enfants à écrire correctement les sons qu'ils entendent.

Épellation. — *On ne doit pas épeler les mots qui s'écrivent comme ils se prononcent.*

Tours, imp. E. ARRAULT ET Cⁱᵉ.